AF451980

2me PARTIE

Etude de la Portée Musicale

IMPRIMERIE DELACHAUX ET NIESTLÉ S. A.
NEUCHATEL (SUISSE)

2ᵐᵉ PARTIE

(1 Volume)

ÉTUDE DE LA PORTÉE MUSICALE

PARIS
28, Rue de Bondy

NEUCHATEL
3, Rue du Coq d'Inde

LEIPZIG
94, Seeburgstrasse

SANDOZ, JOBIN & Cⁱᵉ, Editeurs

AVIS

Le professeur qui ne voudra enseigner que la *clef de sol* et *celle de fa.* étudiera avec ses élèves les Chapitres I-VI.

Le professeur désireux d'enseigner l'écriture et la lecture de *toutes* les clefs, c'est-à-dire les clefs d'*ut (de do) incluses*, complétera l'étude des Chapitres I-VI, par l'étude des Chapitres I bis-VI bis, en prenant

les Chapitres I et I bis
  »   »   II » II »
  »   »   III » III »
  »   »   IV » IV »
  »   »   V » V »
  »   »   VI » VI »

simultanément.

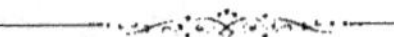

INTRODUCTION

La portée

ETUDE DE LA NOTATION MUSICALE

Explications générales

La gamme de do est la première mélodie à chanter, à écrire et à lire, et le son *do* doit se graver dans la mémoire de l'élève. Nous prendrons donc, comme point de départ pour la portée, la note *do* sous ses deux formes :

1° sur une ligne :

2° dans un espace :

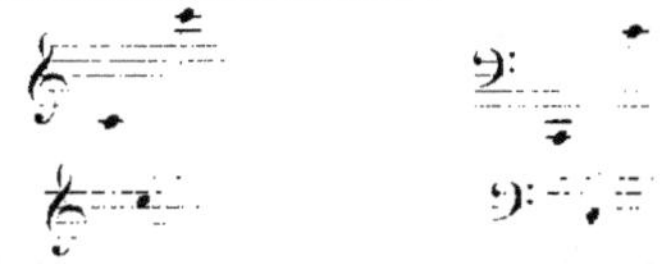

et nous ferons usage du signe D (la clef de *Do*) pour désigner le « do de ligne » et le « do d'espace » jusqu'à ce que les élèves puissent s'en passer (à partir du Chapitre IV).

Avant chaque exercice les élèves chanteront ensemble avec le maître la gamme de do, en montant et en descendant.
Rythme de la gamme :

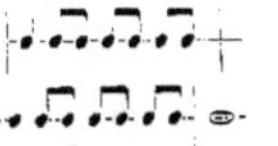

Plus tard ils la chanteront seuls.

Les élèves sont censés avoir suivi le cours préparatoire rythmique; ils connaissent par conséquent les signes de durée et ils sont habitués à les lire sur une ligne seulement. Nous commencerons donc l'étude de lecture et d'écriture par la portée d'*une* ligne (Chap. I) en la faisant suivre de la portée de 2 lignes (Chap. II), de la portée de 3 lignes (Chap. III) et de la portée de 3 + 2 (ou 2 + 3) = 5 lignes (Chap. IV).

Le Chap. V ajoute les lignes supplémentaires (déjà préparées) à la portée de 5 lignes.

Les lignes occupées par les notes *sol* et *fa* sont désignées par les clefs de 𝄞 et de 𝄢.

Aperçu des Exercices

Les exercices des chapitres I, II et III sont divisés en deux parties :

1° des exercices sur fragment de portée ;

2° des exercices sur lignes supplémentaires. (Voir les remarques page suivante.)

Exercices du Chapitre Ier

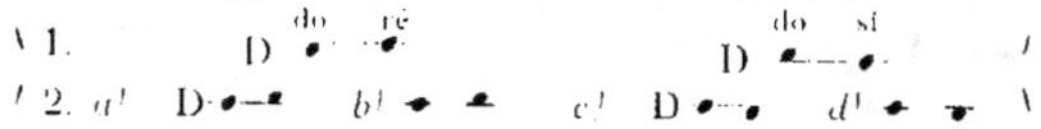

Remarque sur les ex. 2*a*) 2*e*) et 2*e*) Les exercices avec un do de ligne sont des

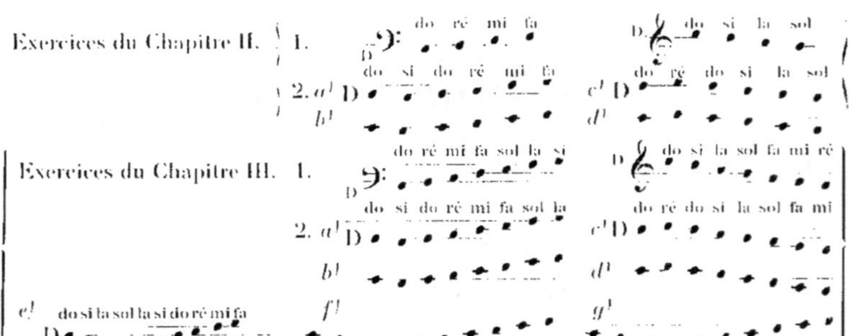

REMARQUE A. — Pour enseigner la lecture des lignes supplémentaires au-*dessus* de la clef de fa, et au-*dessous* de la clef de sol, l'on doit effacer les fragments de lignes de sorte que la première ligne supplémentaire de chaque note soit toujours celle du « *do* de ligne ».

Exemples :

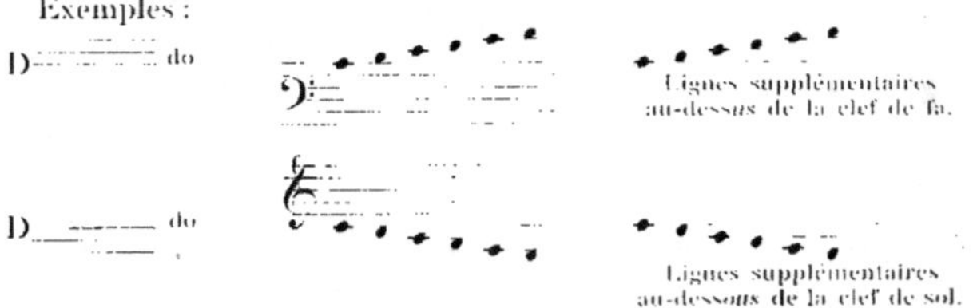

REMARQUE B. — Pour l'étude des lignes supplémentaires au-dessous de la clef de fa, la première ligne supplémentaire de chaque note doit être celle du « *mi* de ligne ».

Exemple

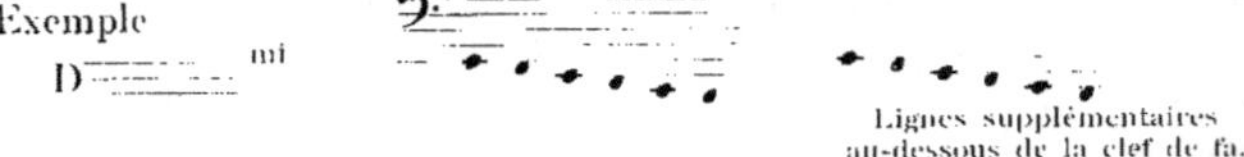

REMARQUE C. — Pour l'étude des lignes supplémentaires au-dessus de la clef de sol, la première ligne supplémentaire de chaque note doit être celle du « *la* de ligne ».

Exemple :

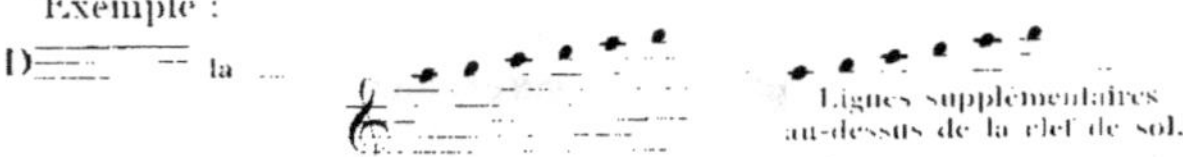

REMARQUE D. — Après que les élèves auront chanté un exercice de la catégorie 1, ou un exercice de la catégorie 2 (*b, d, f,* ou *g*) le maitre effacera telle ou telle note et fera lire (non pas chanter) les notes restées inscrites à la planche.

Ces notes devront être lues en durées égales.

CHAPITRE PREMIER

Portée d'une ligne

La gamme de *do* se compose de 7 notes aux noms différents qui se succèdent dans l'ordre suivant *do, ré, mi, fa, sol, la, si, do*. — Le *do* est toujours suivi du *ré*, et précédé du *si* : le *ré* est toujours suivi du *mi* et précédé du *do*, etc., etc. Lorsque l'on chante la gamme de *do* dans l'ordre des notes ci-dessus indiqué, l'on dit que l'on *monte* la gamme ; lorsque l'on chante la gamme de *do* dans l'ordre inverse (*do, si, la, sol, fa, mi, ré, do*), l'on dit que l'on *descend* la gamme.

La note *ré* est donc au-dessus de la note *do*, la note *mi* au-dessus de la note *ré*, etc. Et la note *do* est au-dessous du *ré*, le *ré* au-dessous du *mi*, etc.

Avant chaque exercice les élèves chanteront avec le maître la gamme de *do*, dans le rythme suivant :

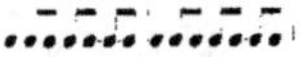

Lorsque les élèves sauront chanter la gamme juste, ils devront la chanter sans le secours du maître.

Le *do*	est appelé	1er degré	et se chiffre	I
Le *ré*	»	2me »	»	II
Le *mi*	»	3me »	»	III
Le *fa*	»	4me »	»	IV
Le *sol*	»	5me »	»	V
Le *la*	»	6me »	»	VI
Le *si*	»	7me »	»	VII
Le *do* aigu (do¹)	»	8me »	»	Is

Les degrés de la gamme s'écrivent sur des lignes, ou encore au-dessus et au-dessous de ces lignes. — Les lignes peuvent être longues

Les notes placées au-dessus du *do*s seront chiffrées IIs, IIIs, IVs, etc.

ou courtes

Dans ce dernier cas, on les appelle lignes *supplémentaires*.

Il y a deux façons d'écrire le *do*.

1° sur une ligne

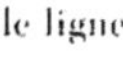

2° dans un espace   ou

Pour désigner l'endroit où se trouve le *do*, l'on se sert du signe D qui est appelé *la clef de do* (ou d'ut).

Voici le *do* sur une ligne   D

Voici le *do* dans un espace   D   ou   D

Si le *do* est placé *sur* la ligne, le *ré* sera écrit *au-dessus* de la même ligne

Et le *si* sera écrit *au-dessous* de la même ligne

Si le *do* est placé au-dessous d'une ligne (c'est-à-dire dans un espace), le *ré* sera écrit sur la ligne

Si le *do* est placé *au-dessus* d'une ligne, le *si* sera placé *sur* la ligne

A. Exercices sur fragment de portée

Les élèves chanteront chaque exercice 2 fois de suite :
La 1ᵉ fois avec le do¹.
La 2ᵐᵉ fois avec le do³ une octave plus haut.

' est le signe de respiration.
La note qui précède une respiration perd un peu de sa durée.

B. Exercices sur lignes supplémentaires

Voir les remarques page 2.

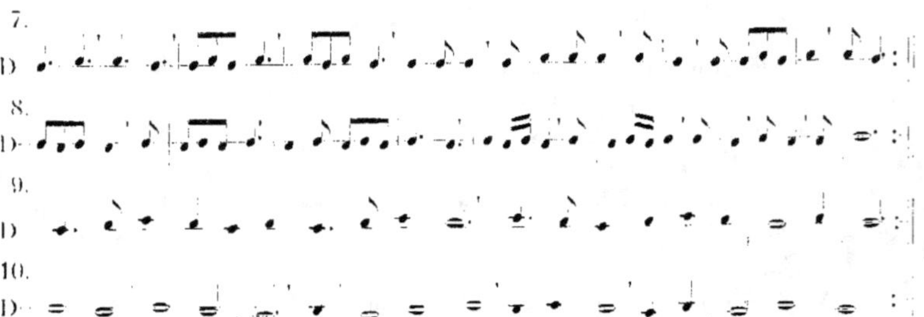

CHAPITRE II
Portée de deux lignes

Lorsque les notes s'écrivent sur deux lignes, il y en aura qui seront placées :

au-dessous de la ligne inférieure   *a)*

sur la ligne inférieure   *b)*

au-dessus de la ligne inférieure   *c)*
(c'est-à-dire entre les deux lignes)

sur la ligne supérieure   *d)*

au-dessus de la ligne supérieure   *e)*

Si la note de l'ex. *a)* est un *do* ( ) celle de l'ex. *b)* sera un *ré*.

    »   *c)*   »   *mi*

    »   *d)*   »   *fa*

    »   *e)*   »   *sol*

Si la note de l'ex. *b)* est un *do* ( ) la note de l'ex. *c)* sera un *ré*

    »   *d)*   »   *mi*

    »   *e)*   »   *fa*

et la note de l'ex. *a)* sera un *si* etc., etc.

Pour rendre la notation encore plus claire, l'on place le signe ♩ (qui est appelé *clef de sol*) devant la ligne sur laquelle on écrit la note *sol*, et le signe 𝄢 (qui est appelé *clef de fa*), devant la ligne sur laquelle on écrit la note *fa*. En ce cas la clef D sera subordonnée aux autres clefs et deviendra plus petite :

A. Exercices sur fragment de portée

11.

12.

13.

14.

B. Exercices sur lignes supplémentaires

15.

Voir les remarques page 2.

16.

17.

CHAPITRE III

Portée de trois lignes

Lorsque l'on inscrit les notes sur trois lignes, il reste entendu que les notes *do, re, mi, fa, sol, la, si, do* se succèdent (en montant ou en descendant) en se notant *en dessous, sur* et *en dessus* des lignes dans leur ordre naturel, c'est-à-dire que si le *la*, par exemple, est inscrit *sur* la 2ᵐᵉ ligne  le *si* sera au-dessus de la 2ᵐᵉ ligne et le *do* sur la 3ᵐᵉ ligne et que le *sol* sera entre la 2ᵐᵉ et 1ʳᵉ ligne et le *fa* sur la première.

A. Exercices sur fragment de portée

18.

19.

20.

21.

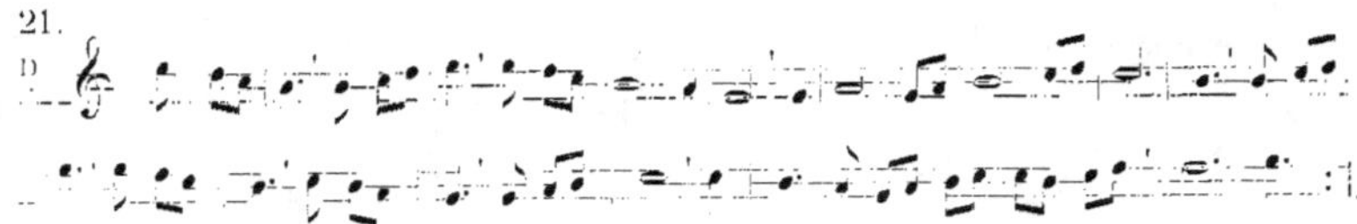

B. Exercices sur lignes supplémentaires

22.

23.

24.

25.

26.

27.

CHAPITRE IV

Portée de cinq lignes

La portée de 5 lignes est la soudure d'une portée de 3 et d'une portée de 2 lignes (ou vice-versa), de sorte que le « do d'espace » se trouve dans l'*espace* entre ces deux petites portées. L'on n'écrit point de clef D sur la portée de 5 lignes. La clef de la portée de 3 lignes occupe la première place; l'autre, plus petite, lui est subordonnée.

1re manière : *a)* 

Après quelques exercices les clefs de la portée de 2 lignes deviendront superflues. Le maître les éliminera et écrira les portées de 5 lignes *e)* et *f)* de la manière suivante :

C'est-à-dire qu'il n'existera plus de clef sur la 1re ligne, ni sur la 5me.

Remarque. — Les mélodies, écrites sur la portée de 5 lignes, devront toujours être exécutées dans l'étendue de la voix. Par conséquent le *do* le plus bas de la mélodie sera toujours le *do¹* et le *do* le plus haut le *do⁸*

Exemples :

Exercices sur la portée de cinq lignes

28.

Après que les élèves ont chanté un exercice, le maître efface telle ou telle autre note, et les élèves devront lire (non pas chanter) les notes restées à la planche.

Pour l'ensemble, l'on fera bien de les faire lire avec des durées égales.

29.

30.

31.

32.

33.

34.

35.

36.

37. do¹

38. do¹

39. do¹

40.

41. do¹

42.

43. do¹

Exercices sur les portées de cinq lignes
et les lignes supplémentaires

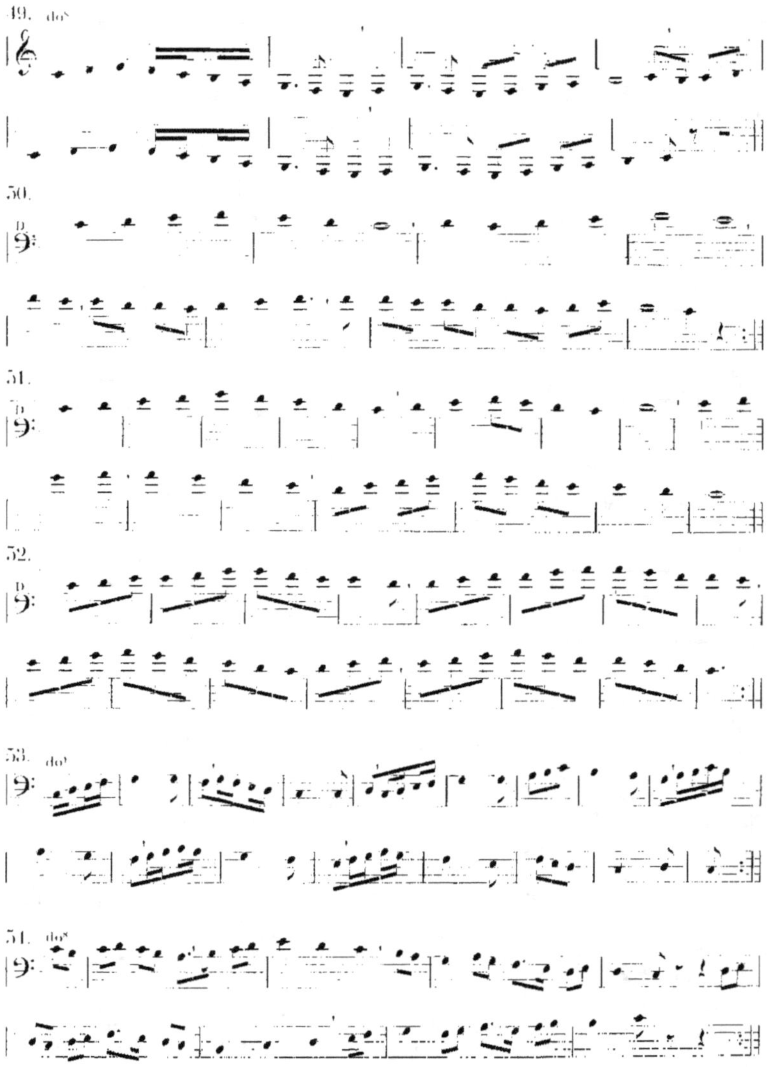

49. do⁴

50.

51.

52.

53. do³

54. do⁴

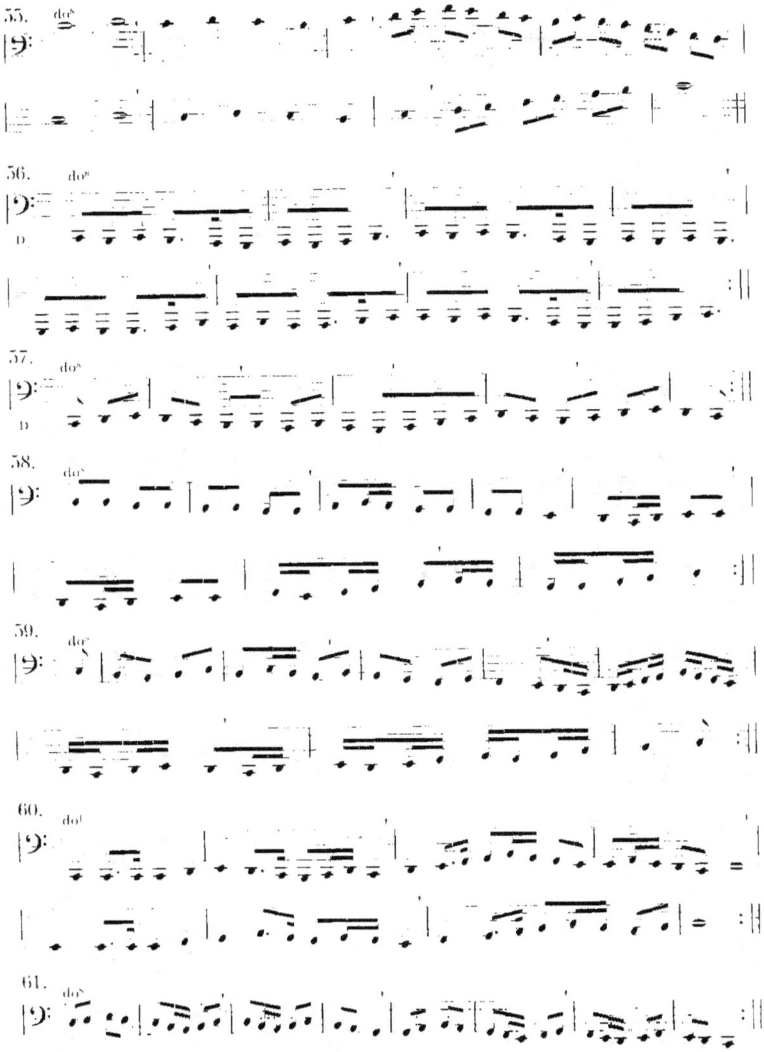

55. do⁶

56. do⁸

57. do⁸

58. do⁵

59. do⁶

60. do⁴

61. do⁶

62. do¹

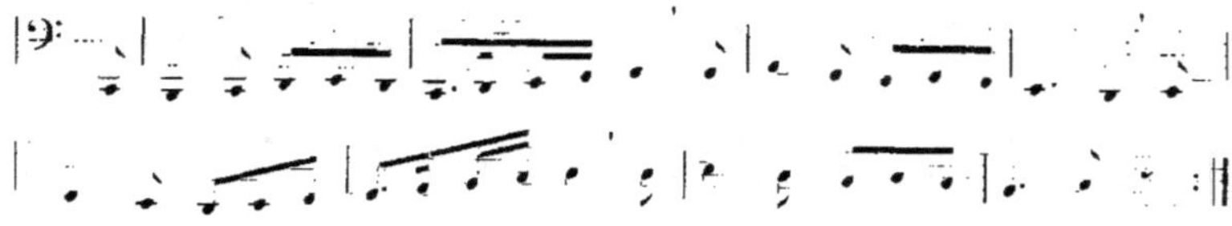

63. do⁸

64. do¹

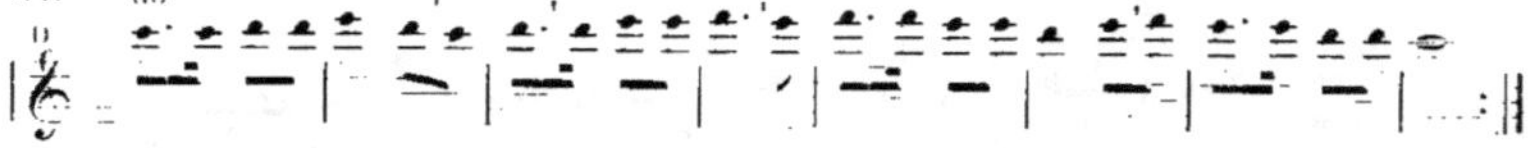

65. do⁸

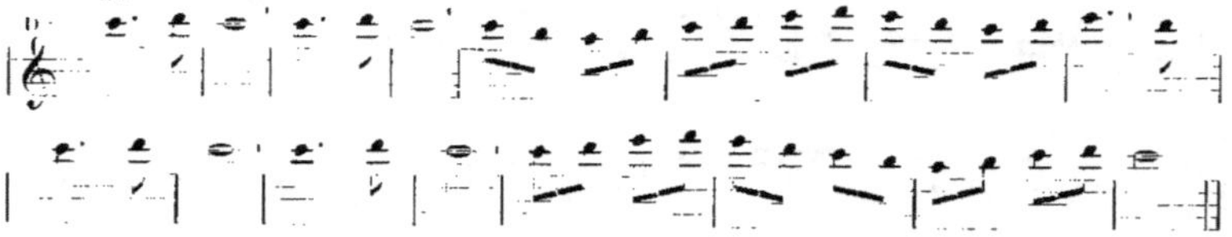

66. do¹

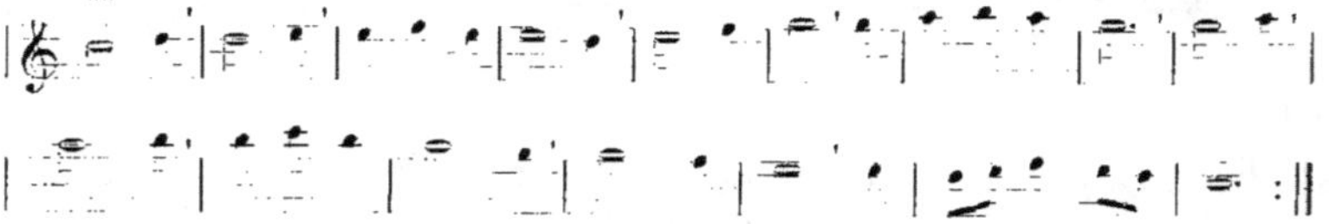

67. do⁸

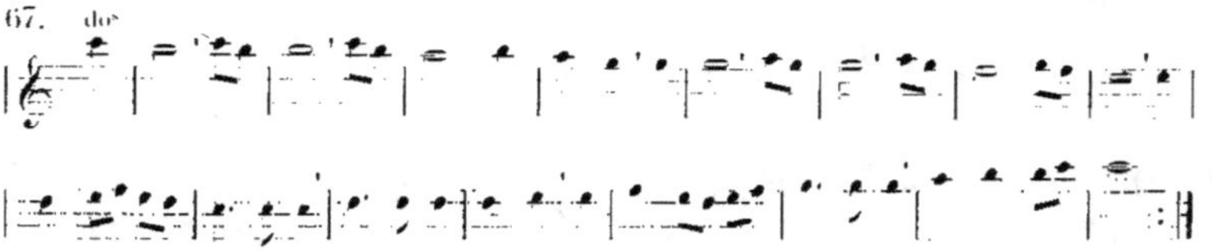

CHAPITRE VI

Récapitulation

1re Série de questions, à poser dans chaque leçon, jusqu'au chapitre III.

1. Quand le do se trouve sur une ligne, quelle note pourra-t-on écrire dans le premier espace en montant?   R

2. . . . . En descendant?   R

3. Quand le do se trouve dans un espace, quelle note écrira-t-on sur la première ligne en montant?   R

1. . . . . En descendant? D

5. Quand le do se trouve sur une ligne, quelle note écrira-t-on sur la première ligne en montant? D

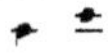

6. . . . . En descendant? D

7. Quand le do se trouve dans un espace, quelle note écrira-t-on dans le premier espace en montant? D

8. . . . . En descendant? D

2ᵐᵉ *Série de questions*, à répéter dans chaque leçon, à partir du chapitre III, jusqu'au chapitre V.

Quand les questions ont rapport à un do de ligne, l'élève écrira sa réponse à la planche de 4 différentes manières :

1° le do se place sur la première ligne supplémentaire; les autres lignes sont également supplémentaires, en montant — en descendant

2° le do sur première ligne supplémentaire; les autres lignes tirées en long, en montant — en descendant

3° le do sur deuxième ligne supplémentaire; les autres lignes sont également supplémentaires; en montant — en descendant

4° le do sur deuxième ligne supplémentaire; les autres lignes tirées en long, en montant — en descendant

Quand les questions ont rapport à un do d'espace *toutes* les lignes doivent être tirées en long

1. Quand le do se trouve sur une ligne, doit-on monter ou descendre pour pouvoir écrire le fa suivant sur une ligne?

   D

2. Quand le do se trouve dans un espace, doit-on monter ou descendre pour pouvoir écrire le fa suivant sur une ligne?

   D

3. Quand le do se trouve sur une ligne, doit-on monter ou descendre pour pouvoir écrire le sol suivant sur une ligne?

   D

4. Quand le do se trouve dans un espace, doit-on monter ou descendre pour écrire le sol suivant sur une ligne?

   D

5. a¹ Quand le do se trouve sur une ligne, quelle note écrira-t-on dans le deuxième espace en montant?

   D

   b¹ . . . . . sur la deuxième ligne en montant?

   D

   c¹ . . . . . dans le deuxième espace en descendant?

   D

   d¹ . . . . . sur la deuxième ligne en descendant?

   D

6. *a)* Quand le do se trouve dans un espace, quelle note écrira-t-on sur la deuxième ligne en montant?

b) . . . . dans le deuxième espace en montant?

c) . . . . sur la deuxième ligne en descendant?

d) . . . . dans le deuxième espace en descendant?

3ᵐᵉ Série de questions à répéter dans chaque leçon à partir du chapitre V.

1. Quand le sol se trouve sur la première ligne, où pourra-t-on écrire le do de ligne?
   RÉPONSE : deux lignes plus bas que le sol de ligne :

   et deux lignes plus haut que le fa de ligne :

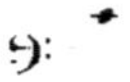

2. Quand le sol se trouve sur la première ligne, où pourra-t-on écrire le do d'espace?
   RÉPONSE : deux espaces plus haut que le sol de ligne et deux espaces plus bas que le fa de ligne :

3. Quand le fa se trouve sur la cinquième ligne, où pourra-t-on écrire le do de ligne?
   RÉPONSE : deux lignes plus haut que le fa de ligne :

   et deux lignes plus bas que le sol de ligne :

4. Quand le fa se trouve sur la cinquième ligne, où pourra-t-on écrire le do d'espace?
   RÉPONSE : deux espaces plus bas que le fa de ligne, et deux espaces plus haut que le sol de ligne :

La clef d', „ ut " (de „ do ")

Les chapitres I *bis* — VI *bis* devront être étudiés en même temps que les chapitres I — VI.

Les exercices B des chapitres I, II et III serviront, non pas seulement à apprendre les lignes supplémentaires de la clef de *fa* et de celle de *sol*, mais encore à apprendre la clef d'*ut*.

Les chapitres I *bis*, II *bis* et III *bis* expliquent de quelle manière les exercices A des chapitres I, II et III serviront, non pas seulement à apprendre la clef de *fa* et la clef de *sol*, mais encore à apprendre les lignes supplémentaires de la clef d'*ut*.

Le chapitre IV *bis* renferme une quantité d'exercices sur les portées suivantes.

Le chapitre V *bis* renferme une quantité d'exercices sur les mêmes portées avec leurs lignes supplémentaires.

Le chapitre VI *bis* complète les séries de questions à poser dans les leçons.

RÈGLE GÉNÉRALE. — Pour enseigner la lecture des lignes supplémentaires au-dessus et au-dessous de la clef d'*ut* (de *do*), l'on doit effacer les fragments de lignes entre les notes des exercices A.

CHAPITRE Ier *bis*

Portée d'une ligne

Après avoir étudié les exercices A du chapitre I, le professeur efface les fragments de lignes entre les notes et les fait reprendre.

Il fera bien de les écrire tantôt , tantôt , pour habituer l'œil de l'élève aux deux manières d'écriture.

Exemple : Page 1, Exercice A 3.

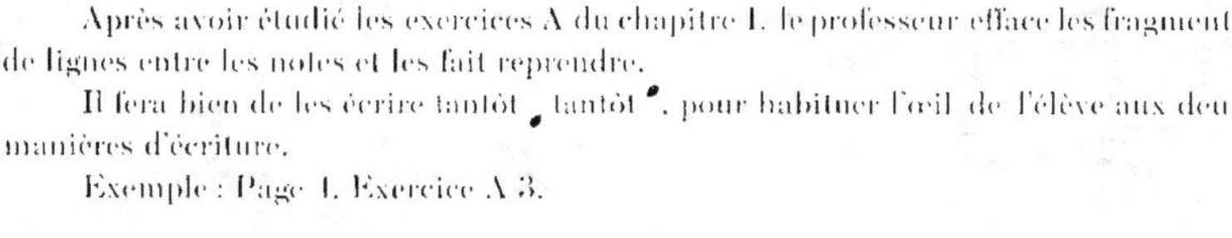

Même exercice après avoir effacé les fragments de ligne :

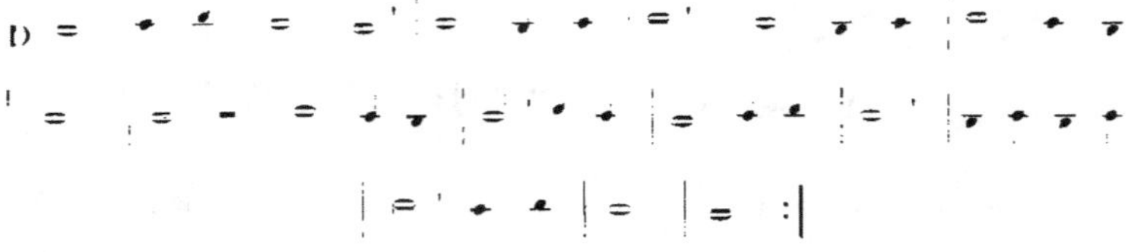

CHAPITRE II *bis*

Portée de deux lignes

Après avoir étudié les exercices A du chapitre II le maître efface, tantôt les fragments de la ligne supérieure, tantôt ceux de la ligne inférieure, tantôt ceux des deux lignes. Il fait relire et rechanter les mêmes exercices sous leur nouvelle forme.

Ensuite le maître efface par-ci par-là des notes de l'exercice et les élèves lisent les noms des notes restées à la planche en durées égales (sans les chanter).

Exemple : Page 5. Exercice A 13.

Même exercice après avoir effacé les fragments de la ligne supérieure :

Même exercice après avoir effacé les fragments de la ligne inférieure :

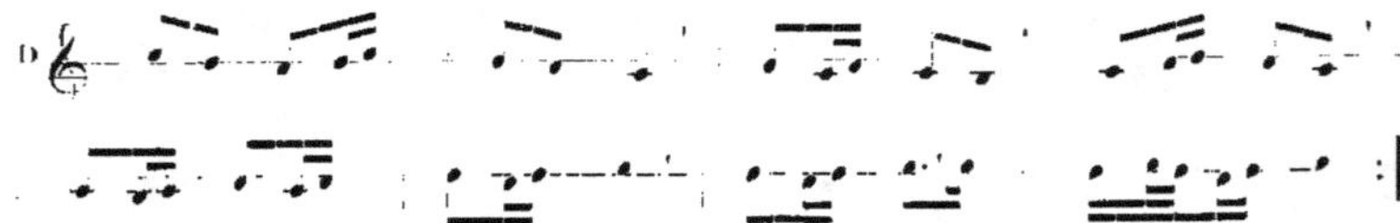

Même exercice après avoir effacé les fragments des deux lignes :

a) En supposant que les notes sont écrites sur des lignes supplémentaires au-*dessus* de la portée (les lignes au-*dessus* de la note sont effacées).

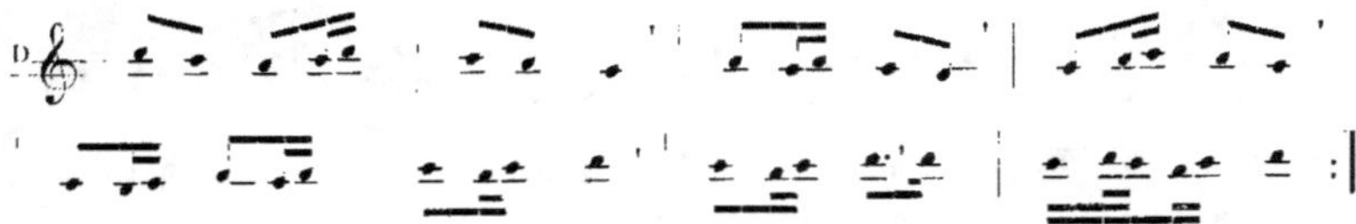

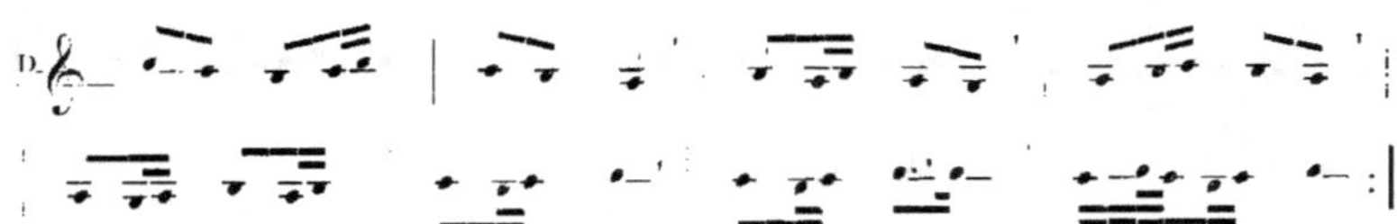

b) En supposant que les notes sont écrites sur des lignes supplémentaires au-*dessous* de la portée (les lignes au-*dessous* de la note sont effacées).

CHAPITRE III *bis*

Portée de trois lignes

Après avoir étudié les exercices A du chapitre III le maître efface
tantôt les fragments de la ligne supérieure,
tantôt ceux des deux lignes supérieures,
tantôt ceux de la ligne inférieure,
tantôt ceux des deux lignes inférieures,
tantôt ceux des trois lignes.
Il fait relire et rechanter ces exercices sous leur nouvelle forme.

Ensuite le maître efface telle et telle autre note de l'exercice et les élèves lisent les notes restées à la planche en durées égales (sans les chanter).

Exemple : Page 6, Exercice A 19.

Même exercice après avoir effacé les fragments de la ligne supérieure :

Même exercice après avoir effacé les fragments des deux lignes supérieures (les lignes au-*dessus* des notes sont effacées) :

Même exercice après avoir effacé les fragments de la ligne inférieure :

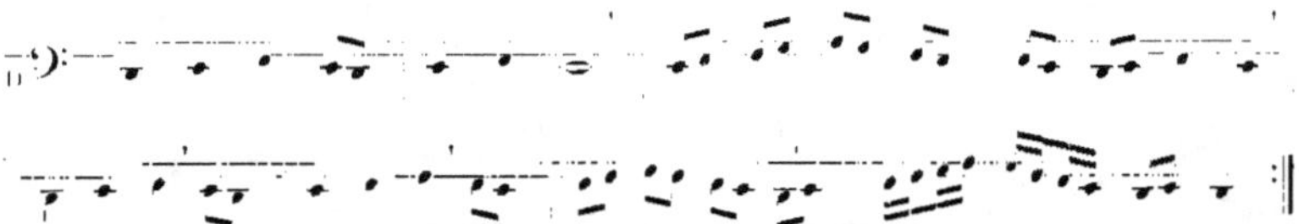

Même exercice après avoir effacé les fragments des deux lignes inférieures (les lignes au-*dessous* des notes sont effacées) :

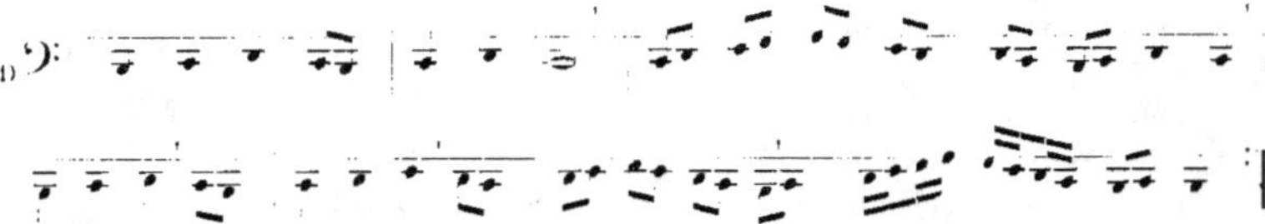

Même exercice après avoir effacé les fragments des trois lignes :

a) En supposant que les notes sont écrites sur des lignes supplémentaires au-*dessus* de la portée (les lignes au-*dessus* des notes sont effacées).

b) En supposant que les notes sont écrites sur des lignes supplémentaires au-*dessous* de la portée (les lignes au-*dessous* des notes sont effacées).

CHAPITRE IV *bis*

Portée de cinq lignes

La portée de cinq lignes est la soudure d'une portée de trois et d'une portée de deux lignes.

RÈGLE GÉNÉRALE. — On n'écrit qu'une seule clef sur la portée de cinq lignes. Cette clef se trouvera *toujours* sur une des cinq lignes.

Lorsque la portée de cinq lignes renferme un *do* de ligne, l'on n'écrit point de clef de *fa*, ni de *sol* sur la portée ; la clef du *do* de ligne reste en place et la clef du *do* d'espace disparaît.

Voici les cinq différentes portées de cinq lignes, renfermant un *do* de ligne :

a)

b)

c)

d)

e)

REMARQUE. — Le *do* de ligne et le *do* d'espace se trouveront toujours à la distance de huit degrés, soit les sept degrés de la gamme + le *do* répété. La distance de huit degrés est nommée une *octave*. La distance d'une octave est réalisée en écriture par quatre lignes et quatre espaces interlinéaires.

Le professeur qui enseigne toutes les clefs, celles de *fa*, de *sol* et de *do*, remplacera le *texte* du chapitre IV par celui du chapitre IV *bis*. Il fera étudier les *exercices* des *deux* chapitres.

La clef du *do* de ligne s'écrit encore

Pour habituer l'élève à la portée de cinq lignes, la clef du *do* d'espace sera encore écrite dans les premiers exercices. Elle deviendra bientôt superflue et le maître l'éliminera complètement.

REMARQUE. — Les mélodies écrites sur la portée de cinq lignes, devront toujours être exécutées dans l'étendue de la voix.

Par conséquent le *do* le plus bas de la mélodie sera toujours le *do¹*

et le *do* le plus haut le *do⁵*

Exemples :

Exercices sur les portées de cinq lignes

78.

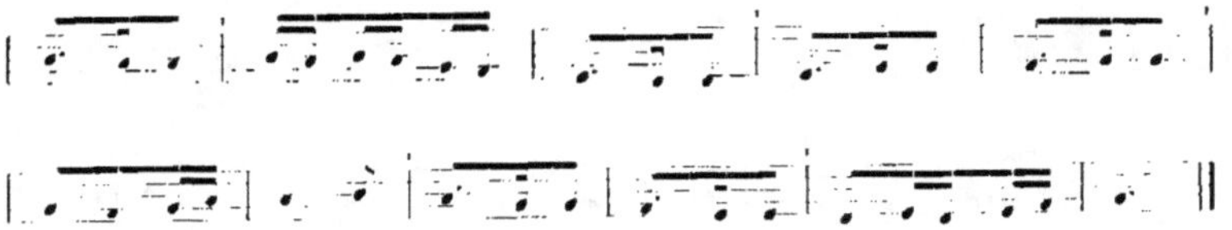

81.
do¹

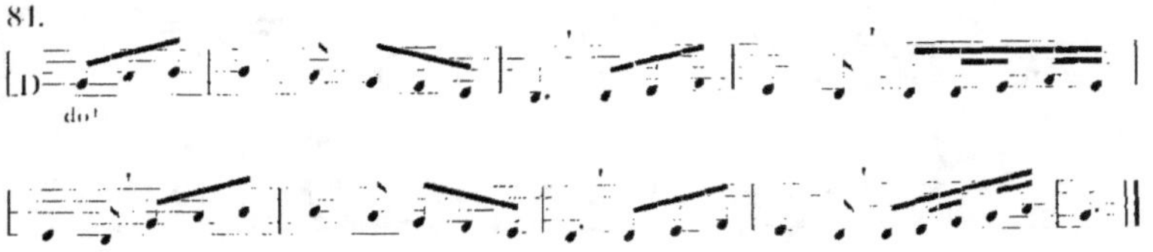

85.
si au-dessous du do¹

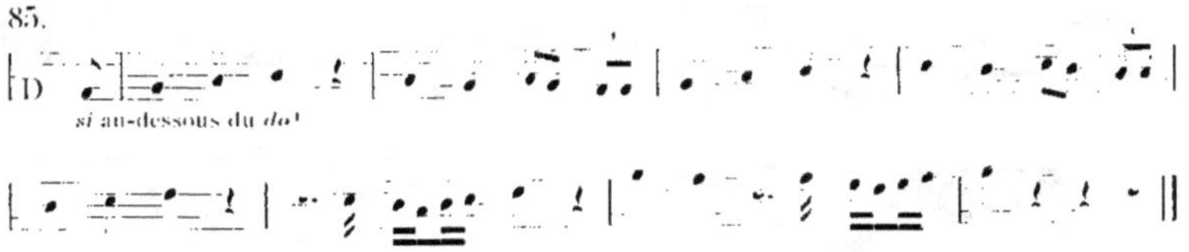

86.
do¹

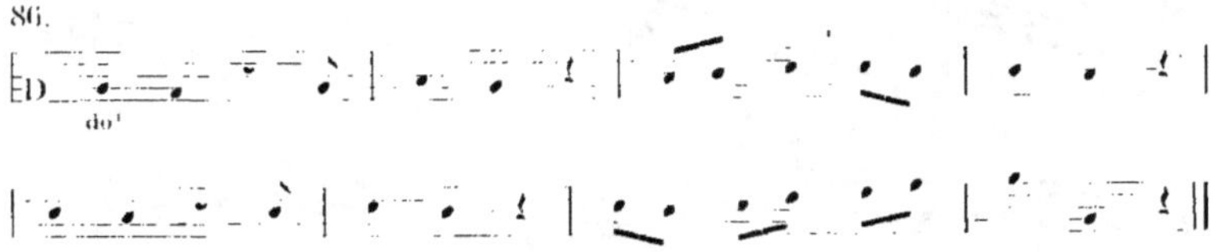

87.
do²

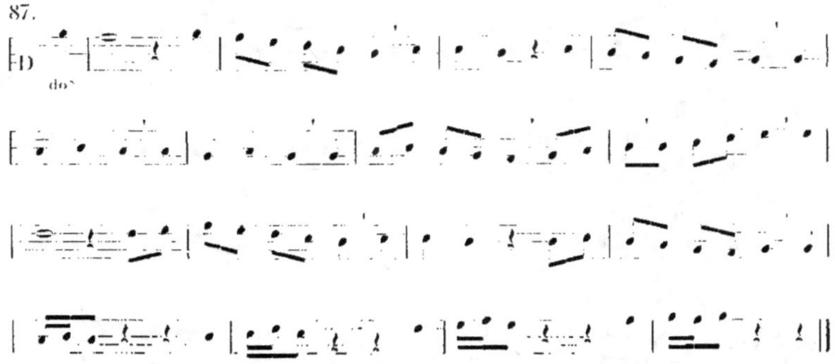

88. 
dos
89. 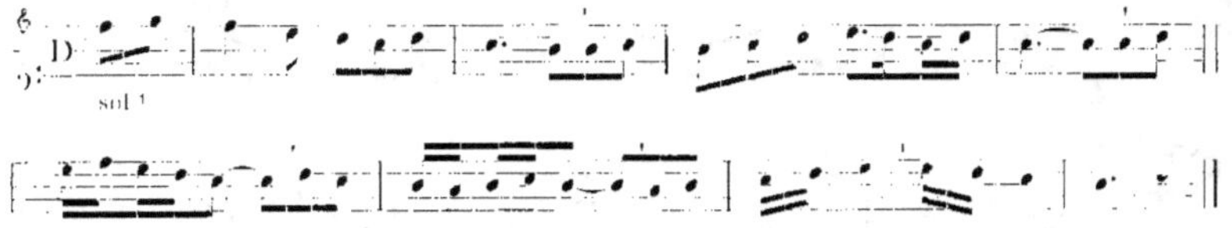
sol
90. 
sol
91. 
do
92.
do

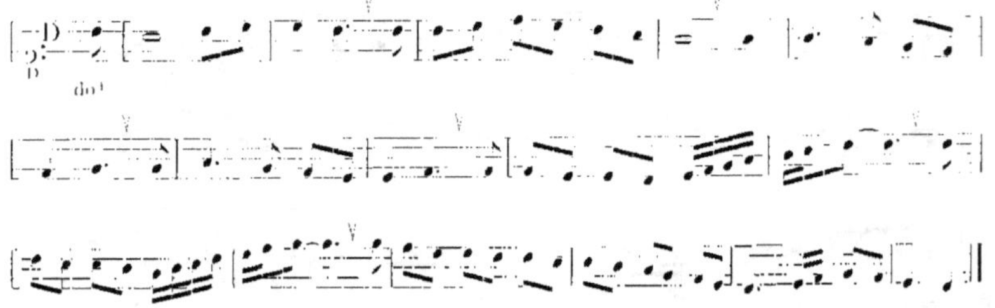

93.
D
mi¹
94.
D
mi˥
95.
D
do¹
96.
D
do˥

97.

102.

103.

104.

105.

Il y a deux portées de cinq lignes qui ne renferment point de *do* de ligne.
Les voici :

a)

b)

C'est la clef de la portée de deux lignes qui disparaîtra, et celle de la portée de trois lignes qui restera en place.

a)   b)

(D'après la *règle générale* donnée au commencement de ce chapitre, le *do* d'espace ne s'écrit pas sur ces deux portées).

REMARQUE. — Les mélodies, écrites sur la portée de cinq lignes, devront toujours être exécutées dans l'étendue de la voix. Par conséquent le *do* le plus bas de la mélodie sera toujours le *do*^{1} et le *do* le plus haut le *do*^{x}

Exemples :

Le maître fera suivre les exercices des pages 8, 9 et 10.

CHAPITRE V *bis*

Exercices sur les portées de cinq lignes et les lignes supplémentaires

106.

107.

108.
D sol¹
109.
D do¹
110.
D mi*
111.
D do²
112.
D do²
113.
D mi*
5 — 2me partie

114.

119.

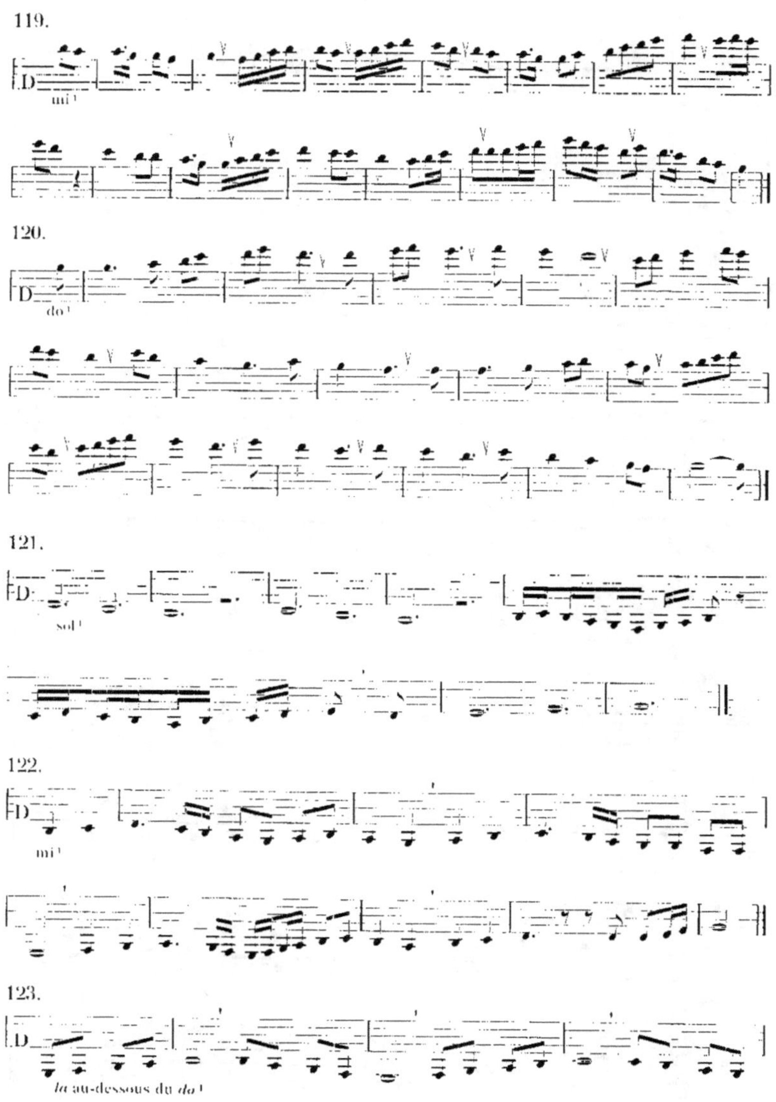

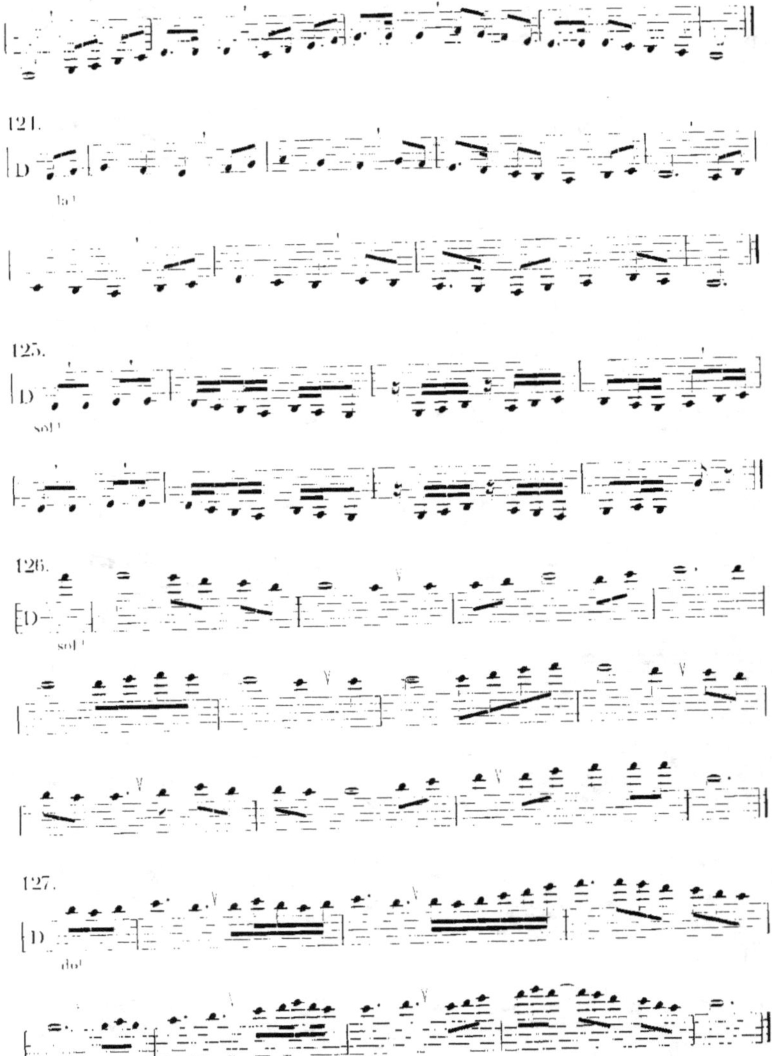
124.
D
la¹
125.
D
sol¹
126.
[D
sol¹
127.
D
do¹

128.

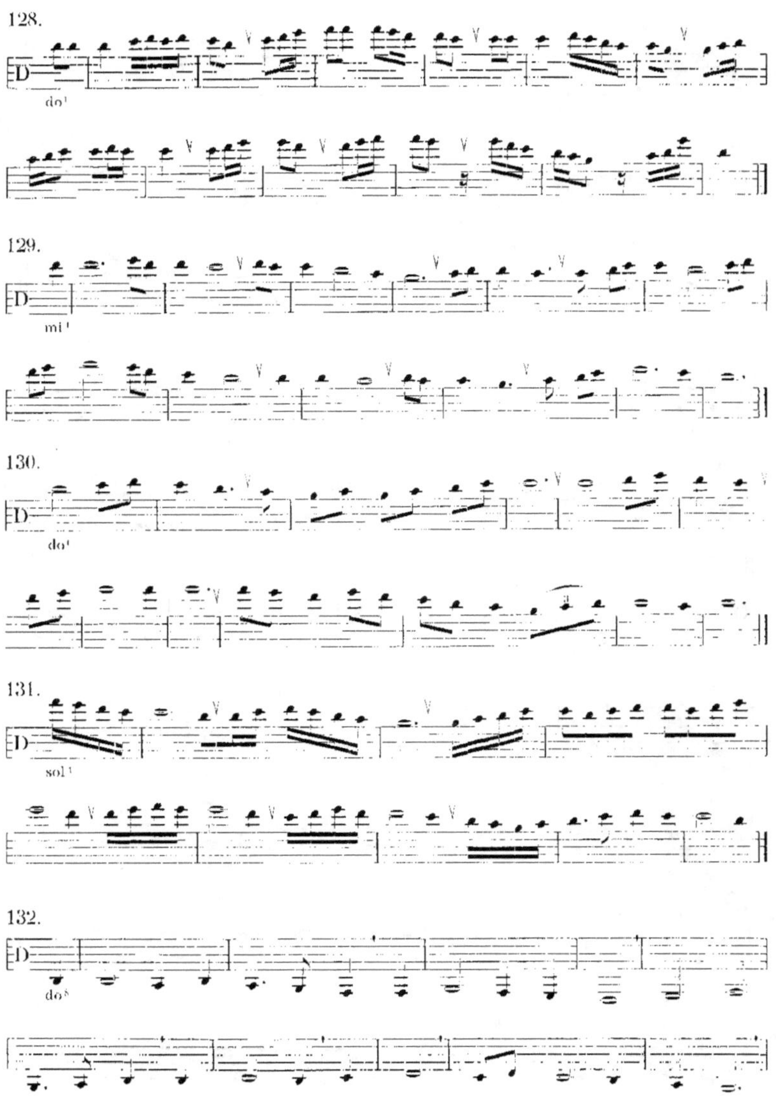

129.

130.

131.

132.

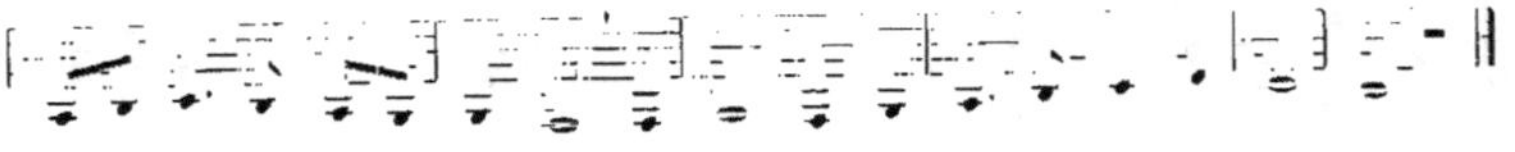

133.

134.

135.

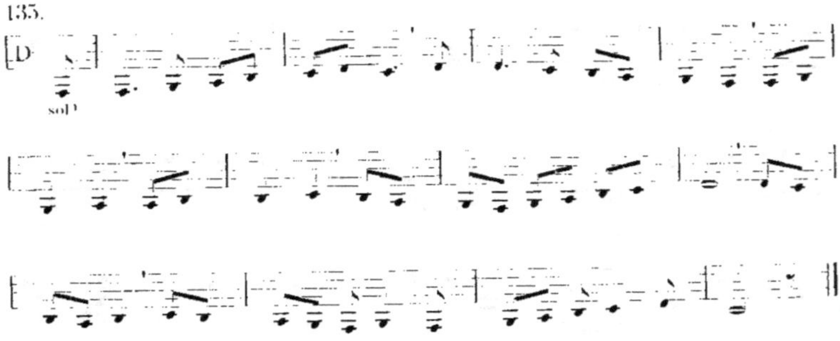

136.

137.

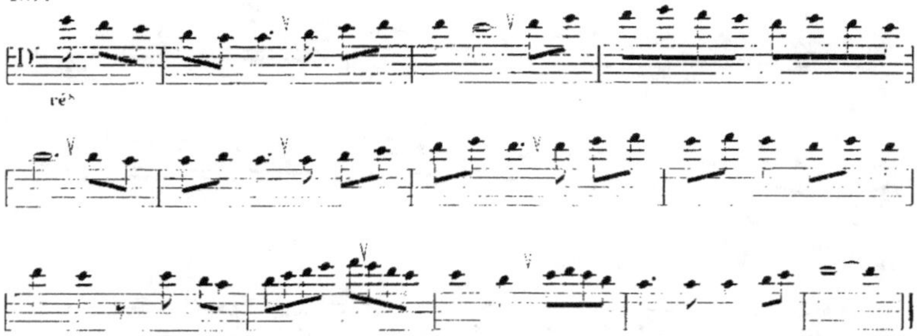

138.

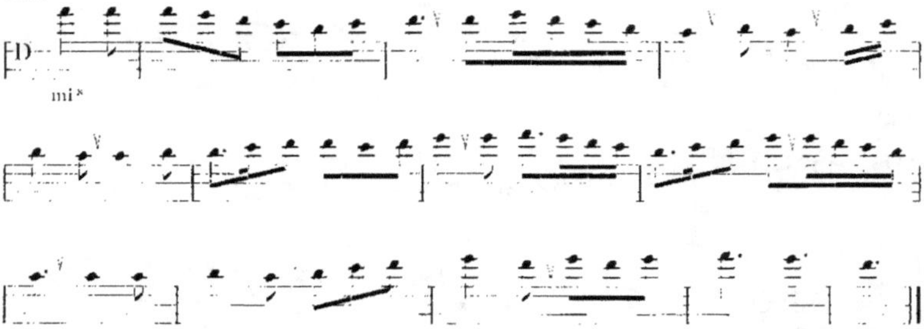

139.

140.

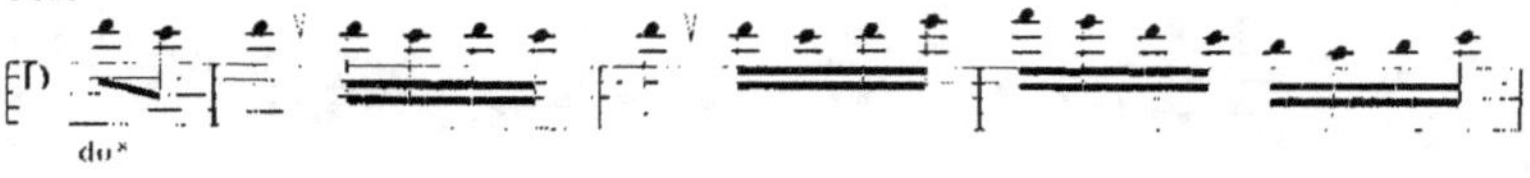

141.

142.

143.

144.

145.

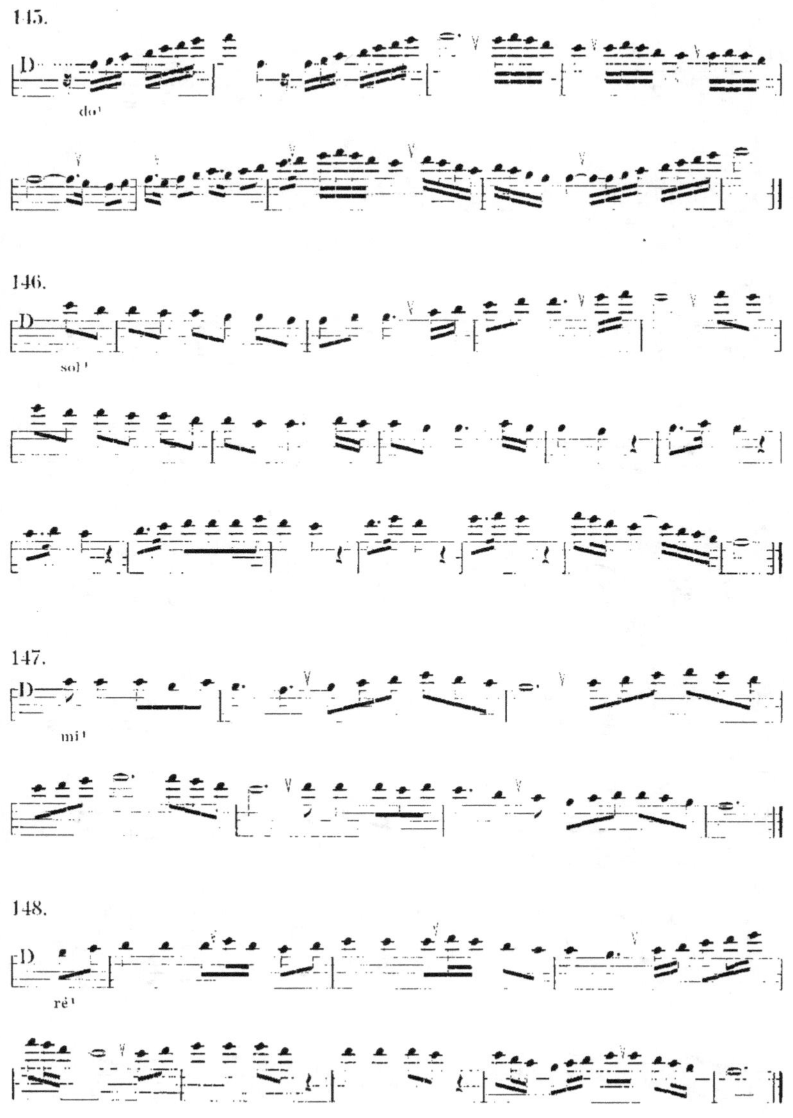

149.

CHAPITRE VI *bis*

4ᵐᵉ Série de questions à répéter dans chaque leçon à partir du chapitre V.

1. Quand le *do* se trouve sur une ligne, où pourra-t-on écrire le *do* d'espace?

   RÉPONSE : quatre espaces interlinéaires plus haut :

   et quatre espaces plus bas :

2. Quand le *do* se trouve dans un espace, où pourra-t-on écrire le *do* de ligne?

   RÉPONSE : quatre lignes plus haut :

   et quatre lignes plus bas :

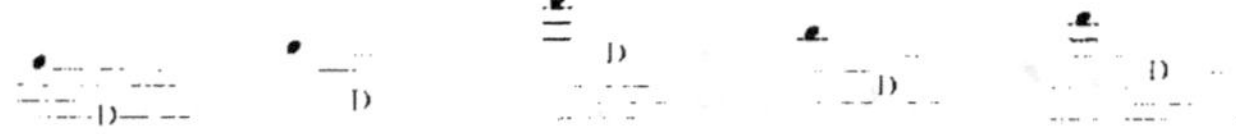

3. Quand le *do* se trouve sur une ligne, où pourra-t-on écrire le *sol* de ligne?

   RÉPONSE : deux lignes plus haut :

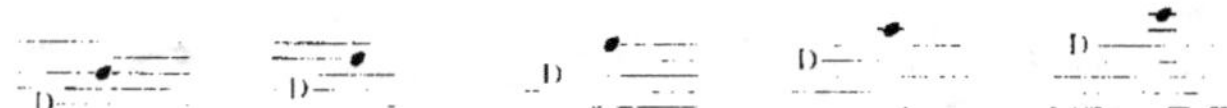

4. Quand le *do* se trouve sur une ligne, où pourra-t-on écrire le *sol* d'espace?

   RÉPONSE : deux espaces plus bas :

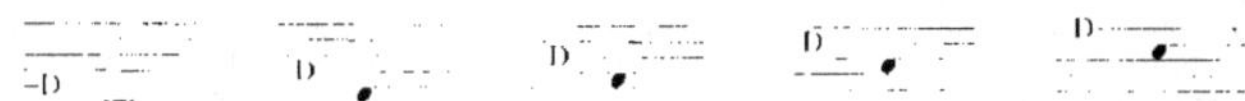

5. Quand le *do* se trouve sur une ligne, où pourra-t-on écrire le *fa* de ligne?

   RÉPONSE : deux lignes plus bas :

6. Quand le *do* se trouve sur une ligne, où pourra-t-on écrire le *fa* d'espace?

RÉPONSE: deux espaces plus haut:

À mesure que les élèves apprendront les gammes (Méthode J. D. 3me partie), le professeur fera *transposer* les exercices en changeant la clef. Il fera le choix des exercices à transposer d'après leur étendue.

Exemples (chapitre IV, exercice 10).

Même exercice en *sol* (la tonique reste en place: le *do* devient *sol*).

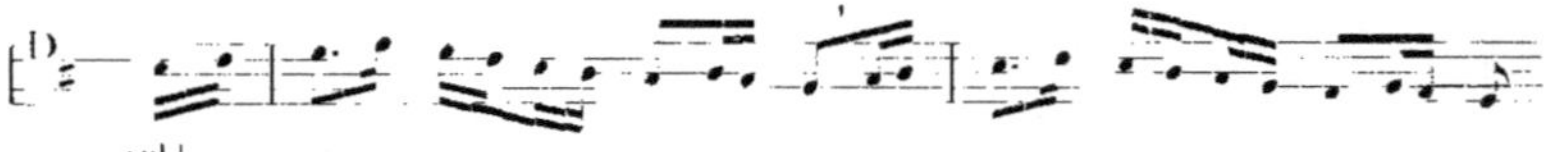

Même exercice en *si* (la tonique reste en place: le *do* devient *si*).

Même exercice en *la* (la tonique reste en place: le *do* devient *la*).

AVIS — Le professeur aura remarqué que dans tous les précédents exercices, la hauteur du *do* d'espace et de ligne est arbitrairement déterminée par l'étendue restreinte de la voix enfantine. — Dans les exercices du dernier volume de notre méthode, les sons écrits dans les différentes clefs d'*ut* seront chantés à leur hauteur réelle.

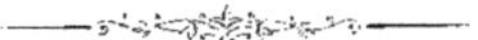

Le *premier* volume de la *troisième* partie, faisant suite à l'étude de la Portée, contient l'étude des *gammes majeures* et *mineures*, d'après un système nouveau, et des règles générales de *phrasé* et de *nuancé*.

MÉTHODE JAQUES-DALCROZE

POUR LE DÉVELOPPEMENT

DE L'INSTINCT RYTHMIQUE

DU SENS AUDITIF

ET DU SENTIMENT TONAL

EN 5 PARTIES. 8 VOLUMES

(N° 937, 938) **1re PARTIE** (2 volumes)
Gymnastique Rythmique

(N° 939) **2me PARTIE** (1 volume)
Etude de la Portée musicale

(N° 940, 941, 942) **3me PARTIE** (3 volumes)
Les Gammes et les Tonalités, le Phrasé et les Nuances

(N° 943) **4me PARTIE** (1 volume)
Les Intervalles et les Accords

(N° 944) **5me PARTIE** (1 volume)
L'Improvisation et l'Accompagnement au piano

En supplément à la Méthode de Gymnastique Rythmique :

(N° 981) La Respiration et l'Innervation Musculaire
PLANCHES ANATOMIQUES

(N° 786) 84 Marches rythmiques pour une voix moyenne
avec accompagnement de piano.

(N° 811) 84 Marches rythmiques pour chant seul.

NEUCHATEL — IMP. DELACHAUX & NIESTLÉ S. A.